JN411024

고진 도사와 두 제자 감, 래

고진 도사와 두 제자 감, 래

1판 1쇄 발행 2013년 6월 7일

지은이 신광철

펴낸이 이임광
펴낸곳 공감의기쁨
편집 오윤진
디자인 박마리아
마케팅 김석현
경영지원 김태성

전화 02)333~8276
팩스 02)323~8273
등록 2011년 7월 20일 제 313-2011-204호
주소 서울시 마포구 성산동 261-38번지 베아트리스 101호
e-mail goodbook2011@naver.com

ISBN 978-89-97758-71-5 (03810)

고진 도사와 두 제자 감, 래

신광철 지음

현자의 숲

지리산 깊은 암자에서 공부하는

고진 도사는 두 제자를 두고 있었다.

한 제자는 감이고

다른 한 제자는 래였다.

감은 현명하고,

래는 우직했다.

짐승이
여관에 들어가
사랑하는 것
봤느냐?

고진 도사가 제자 감과 래와 함께 시간을 낚고 있었다. 감이 먼저 입을 열었다.

"스승님. 여자를 아세요?"

"알다마다. 내가 여자 몸속에서 나와 다 아느니라."

감과 래가 슬며시 웃었다. 말도 안 된다는 얼굴로.

"제가 출가하기 전 여자와 여관에 든 적이 있었습니다. 여자가 제게 자기는 침대에서 자고, 저보고는 침대 밑에서 자라면서 침대로 올라오면 짐승이라고 했습니다. 그래서 저는 침대 밑에서 꿈적도 하지 않고 잤습니다. 그랬더니 다음 날 여자가 제게 뭐라고 했는지 아십니까?"

"이놈아. 그것도 모를 줄 아느냐. 짐승보다 못한 놈이라고 했겠지."

너무나 당연하다는 듯 고진 도사가 답하자 감이 물었다.

"그럼 왜 그랬지요?"

"아직도 모른단 말이냐?"

"네. 그렇습니다."

"사람이 되어달라는 뜻이었지."

"예?"

"생각해보거라. 사람을 짐승하고 비교하면 이

로울 것이 하나도 없다. 짐승보다 못한 짓을 하면 짐승보다 못한 놈이고, 짐승과 같으면 짐승 같은 놈밖에 더 되겠느냐. 짐승보다 나아봐야 짐승보다는 나은 놈이 되니 어찌 해야겠느냐. 사람이 되어야 하는 것이지. 사랑하는 남녀 간에 같이 들어간 여관에서 사람이 할 일이 무엇이겠느냐? 짐승이 여관에 들어가 사랑하는 것 봤느냐?"

"……!"

웃음은
세상을 여는
열쇠이고,
땀은
성공을 여는
열쇠다

제자 감이 고진 도사가 기거하고 있는 방으로 찾아왔다.

"저잣거리에 다녀오면 저는 외톨이가 된 느낌입니다. 깨달음은 멀고 사람들은 저를 멀리하는 것만 같습니다. 어찌하면 좋겠습니까?"

"인생의 진정한 스승을 밖에서 찾으면 영원히 깨닫지 못할 것이라고 하지 않았느냐."

"그래도 한 말씀 해주십시오."

"웃음은 세상을 여는 열쇠이고 땀은 성공을 여는 열쇠다. 열쇠는 네가 가지고 있지 않느냐?"

"열쇠를 제가 가지고 있다 하셨습니까?"

"그렇다. 남이 자신을 웃음으로 대하게 하는 열쇠도 자신이 가지고 있고, 성공의 열쇠도 자신이 가지고 있는 것이다."

"……?"

"열쇠를 가진 자신이 열지 못하면 누가 열겠느냐. 네 열쇠를 네가 가지고 있지 내가 가지고 있지 않다. 지금 당장 만나는 사람에게 웃음으로 대하고, 정진하는 것만이 열쇠다."

"……!"

약초의 삶,
독초의 삶

제자 래가 고민에 잠겨 스승에게 묻는다.

"스승님, 진정 어떻게 살아야 합니까?"

"그걸 알면 내가 여기서 이렇게 살겠느냐?"

"저는 심각합니다. 가르쳐주십시오."

"심각하니 답이 나오지 않는 것이다. 나처럼 단순해보거라."

"예?"

"내가 너를 만났지."

"예."

"만난 것이 중요한 것이 아니라 만나서 어떤 관계가 되는냐가 중요한 것이다."

"……"

"보거라. 너와 나는 스승과 제자가 되었다. 하지만 너와 나를 적으로 만들 수도 있다."

"조금 더 자세히 설명해주십시오."

"인생이란 내가 만든 작품이란 뜻이다. 같은 산에서 자라는 풀도 독초가 되기도 하고 약초가 되기도 한다. 같은 인생을 살지만 베풀다 가는 인생도 있고, 해만 끼치다 가는 인생도 있다."

노력은
나의 일이고,
결과는
하늘의 일이다

고진 도사가 생각에 잠겨 있는데 갑자기 제자 감이 물었다.

"저는 언제쯤 깨달음을 얻을까요?"

"네가 그 생각을 하지 않는 날이 바로 그날이다."

"놀리지 마십시오."

"나는 놀리지 않았느니라."

"저는 좌절할 것 같습니다."

감이 심각하게 말했다. 고진 도사가 감을 돌아보며 말했다.

"세상에는 할 수 없는 일은 없다. 시도하지 않은 일이 남아있을 뿐이다."

"그래도 저는 힘들 것 같습니다. 하산해야 할 것 같습니다."

"그러면 하산하도록 하거라."

"스승님은 어떻게 그리 쉽게 말씀하십니까? 위로도 해주지 않으시고."

"감아. 사람은 노력만 하면 그것으로 그만인 것이다. 사람에게는 과정만 진정한 삶이다. 노력은 너의 일이고, 결과는 하늘의 일이니라."

지금
이 자리에
살아있음을
만끽하라

"스승님. 세상에서 가장 중요한 것은 무엇입니까?"

제자 감이 밑도 끝도 없이 물었다.

"나다."

"그럼 세상에서 가장 중요한 때는 어느 때입니까?"

"지금이다."

"저는 심각합니다. 제대로 말씀해주십시오."

"내가, 지금, 이 자리에 없으면 세상이 사라지니 이것들이 최고가 아니고 무엇이 최고겠느냐?"

"깨달음 아닙니까?"

"깨달음을 느끼는 것도, 못 느끼는 것도 내가 지금 이 자리에 서 있어야 가능하지 않느냐?"

"……"

"언제나 내가, 지금, 이 자리에서 살아있다는 것을 느끼는 것이 잘 사는 인생이다."

텅 빈 달변
깊은 묵언

제자 래와 고진 도사가 산을 내려오고 있었다. 새소리가 고왔다.

"스승님. 말을 잘하는 것과 잘 듣는 것 중에서 어느 것이 우선입니까?"

"그야 당연히 듣는 것이 먼저겠지."

"어째서지요?"

"묵언은 무겁지만 달변은 가볍다. 묵언은 안에서 깊어지지만 달변은 안을 비운다."

"……"

"묵언으로 깨달은 사람은 있어도 달변으로 깨달은 사람은 없다."

스승은
내 마음속에
있다

제자 감이 고진 도사에게 물었다.

"스승님은 누구에게서 세상의 이치를 배우셨습니까?"

"처음에는 산과 물, 바람과 나무에게서 배웠다."

"산이 무얼 알려주지 않고, 물이 무얼 말해주지 않는데 어떻게 배웁니까?"

감이 따지듯이 말했다.

"누구도 가르쳐주지 않는다. 마음으로 나눌 뿐이다."

"저는 스승님께 배우러 왔는데요?"

"저도요."

감과 래가 한 목소리로 말했다.

"그야, 너희들이 알아서 할 일이다만 나는 가르쳐줄 것이 없다."

"저희에게 아무것도 알려줄 것이 없단 말씀이십니까?"

감이 불만스럽게 말했다.

"한 가지는 알려줄 수 있다."

"무엇이지요?"

감과 래가 동시에 물었다.

"네 안에서 스승이 기다리고 있다는 것이다."

"스승이 제 안에서 기다리고 있다고요?"

"그렇다. 너희들의 마음속에 스승이 너희들을 스승으로 모시려고 기다리고 있다."

감은 멍하니 스승의 얼굴만 바라보고 래는 생각에 잠겼다.

고진 도사는 슬그머니 자리를 떴다.

아이웃음 하늘웃음

마당에 핀 꽃을 보며 감과 래가 이야기를 나누는 것을 보고 지나가던 고진 도사가 빙그레 웃으니 감이 말했다.

“아이의 웃음 같으십니다.”

“허허. 별소릴 다 듣는구나.”

“아이의 웃음을 보면 왜 흐뭇할까요?”

“웃음은 하늘이 가르쳐준 표정이니 그렇다.”

“스승님. 꽃을 보고 있어도 마음이 흐뭇해집니다.”

옆에 있던 래도 끼어들었다.

“그렇지. 나무와 풀은 꽃으로 꽃을 피우고, 사람은 웃음으로 꽃을 피우는 게지.”

사랑은
눈물을
흘릴 수 있는
용기다

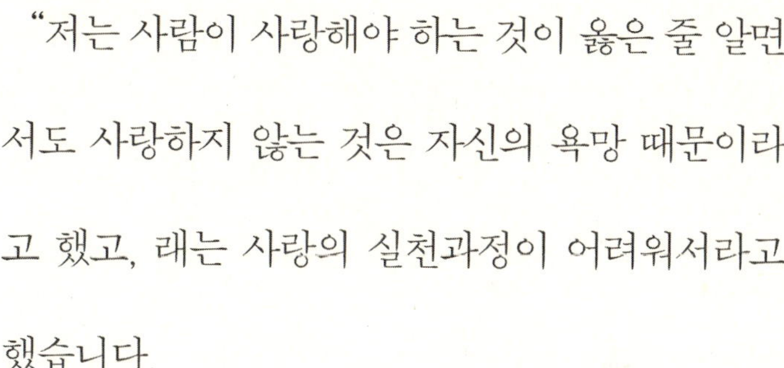

감과 래가 논쟁을 벌이고 있었다.

"무엇 때문에 언쟁이냐?"

"저는 사람이 사랑해야 하는 것이 옳은 줄 알면서도 사랑하지 않는 것은 자신의 욕망 때문이라고 했고, 래는 사랑의 실천과정이 어려워서라고 했습니다.

"둘 다 맞다. 사랑에는 같은 크기의 눈물이 들어있기 때문이다."

"보다 더 구체적으로 말씀해주십시오."

"사랑을 실천하려면 그 사랑의 크기만큼 자신의 희생이 필요하다는 말이다."

자신에게
화를 내는
어리석음

길을 막아놓은 땔감더미를 보며 감이 화를 내자 고진 도사가 한마디 했다.

"너는 지금 누구에게 화를 내고 있는 것이냐?"

감이 길을 막아놓은 땔감더미를 발로 차며 말했다.

"길을 막아 놓은 자에게 화내고 있습니다."

"정작 욕을 들어야 할 사람은 없고 듣는 사람은 너와 나뿐이지 않느냐?"

감이 화를 삭이지 못하고 씩씩거리며 말했다.

"그 자가 없을 뿐이지 욕은 그 자에게 하는 것입니다."

"감아, 네가 화가 나서 욕하고 있는 지금, 그 자

는 질펀하게 낮잠을 자고 일어나 새참을 먹는 즐거움에 빠져 있을 수도 있고, 어여쁜 여인을 품에 안고 행복에 젖어 있을지도 모르잖느냐? 화는 네가 내고, 화가 나 지르는 욕은 내가 듣고 있지 않느냐?"

"……"

"화의 진원지를 생각해보거라. 사실 화는 그 자와는 아무 상관 없이 네가 내고, 그 화는 너를 다치게 하고 있다. 웃으면서 지나가면 너도 즐겁고, 나는 너에게서 욕을 듣지 않으니 나도 즐겁지 않겠느냐? 그래도 못마땅하면 네가 길을 막은 나무를 치우면 될 일이지, 자신에게 화를 내서야 되겠느냐?"

아직도 분을 삭이지 못한 감이 목소리를 높여 말했다.

"그렇지만 잘못된 것을 그냥 넘기는 것은 잘못 아닙니까?"

"그렇지."

"그러면 잘못한 것에 대해 꾸짖어야 하지 않습니까?"

"만나면 꾸짖거라."

"……!"

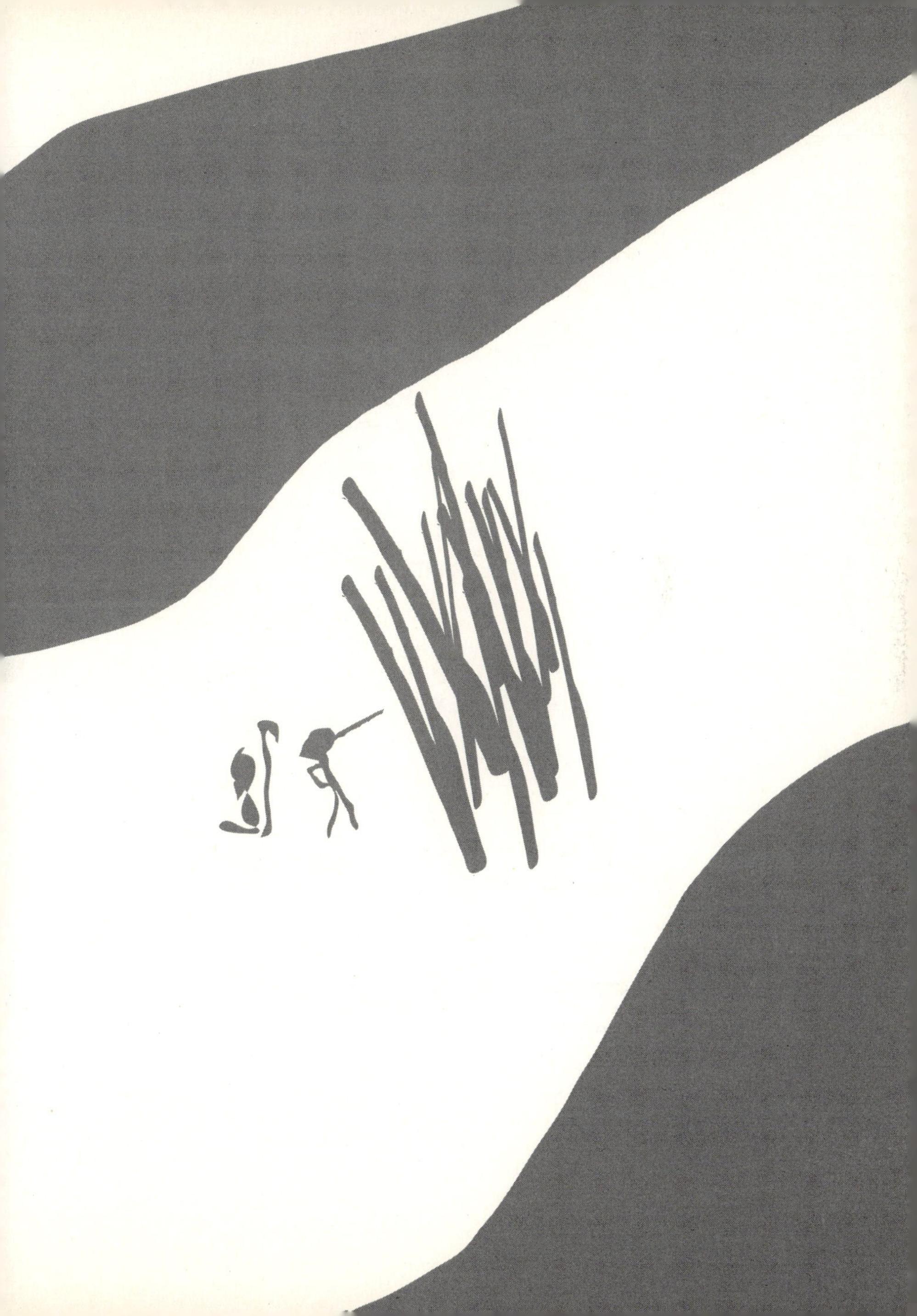

성공과
실패는
한 나무에
달린
잘 익은 사과와
썩은 사과다

"진정한 성공은 무엇입니까?"

감이 고진 도사에게 물었다.

"실패를 받아들이는 일이다."

편안한 목소리로 고진 도사가 답했다.

"예?"

감은 뜻밖의 말에 말을 더듬었다.

"그럼. 내가 하나 물으마. 네가 생각하는 성공은 무엇이냐?"

"부귀공명은 아니지만 제가 하고자 하는 것을 이루는 것입니다."

"그렇다면 실패는 무엇이냐?"

"제가 하고자 하는 일을 이루지 못하는 것입니다."

"네 말이 맞다."

고진 도사가 등을 돌려 걸어갔다.

"스승님, 제 말이 맞지 않다고 생각하시는 것 같은데 그냥 가시면 어떡합니까?"

"네 말이 맞다. 성공과 실패는 사과나무에 달린 잘 익은 사과와 썩은 사과와 같다. 한 나무에 열리는 과일일 뿐이다."

"성공과 실패가 중요하지 않다는 말씀이십니까?"

"그렇다. 사과나무에 사과를 맺지 못했을지라도 사과나무는 한 해를 산 것이다. 진정한 성공은 인생을 살아낸 것이다.”

사랑을 했다면 이별을 받아들이고, 성공을 했다면 실패를 받아들이는 것이 자연스러운 일이다. 이룸이 있다면 무너질 줄 알고, 일어섰다면 쓰러지는 것을 알아야 한다. 사랑과 이별, 성공과 실패, 이룸과 무너짐, 일어섬과 주저앉음은 하나의 얼굴이다. 반드시 짝을 이루어야 다 겪어본 것이다.

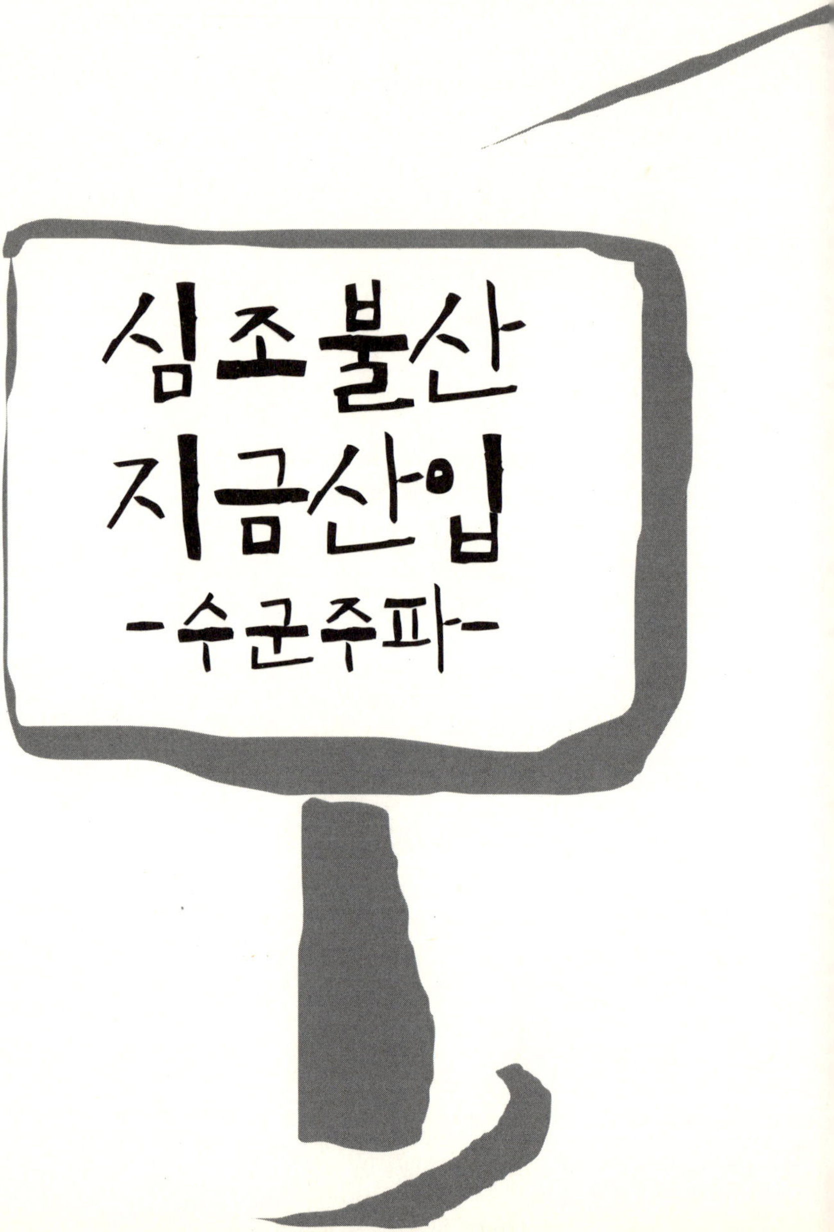

심조불산
지금산입
-수군주파-

고진 도사와 제자 감이 세상구경을 나왔다가 다시 거처로 돌아가고 있었다.

"스승님. 세상구경을 했지만 무엇을 얻었는지 모르겠습니다. 가르침을 하나 주시지요?"

"그러마. 심조불산하면 지금산입이니라."

제자 감은 무슨 뜻인지 알 수가 없었다. 혹시나 하고 말한 사람이 누군지 물었다.

"어느 분의 말씀이십니까?"

"누가 말했는지가 뭐 그리 중요하겠느냐. 굳이 알고 싶다면 알려주마. 수군주파니라."

"수군주파요?"

"그렇다."

고진 도사는 아무렇지도 않은 표정으로 걸어갔다.

"스승님. 무슨 뜻이지요?"

"저 앞에 적힌 글을 읽어보거라."

고진 도사와 감 앞에 커다란 간판이 서 있었다. 간판에는 큰 글씨로 '산불조심 입산금지'라고 적혀있었다. 그리고 그 밑에 '파주군수'라고 적혀있었다. 적힌 글을 거꾸로 읽은 것이다.

"스승님. 저를 놀리시는 겁니까?"

제자 감이 불쾌하다는 듯 따졌다. 고진 도사는 아무렇지 않게 말했다.

"깨달음은 네 마음이 열린 만큼 찾아온다. 깨달음은 밖에서 넣어줄 수 있는 것이 아니라 안에서 자각하는 것이다. 조급해하지 말거라."

생존 게임?
사는 재미!

고진 도사가 길을 가다 제자 감에게 물었다.

"너는 왜 사느냐?"

감이 깜짝 놀라 스승을 쳐다보다가 대답했다.

"스승님이 사는 의미를 가르쳐줄 거라고 생각하고 삽니다."

"나도 모르는데 너에게 어찌 가르쳐줄 수 있단 말이냐?"

"그럼. 스승님은 왜 사십니까?"

감이 도발적으로 따져 물었다. 고진 도사는 아주 편안한 얼굴로 말했다.

"나는 살아있는 것을 즐기는 재미로 산다."

"살아있는 것을 즐기신다고요?"

"그렇다. 살아있음을 느끼는 재미만한 것이 없다. 몸 안에 생명이 찰랑찰랑 넘치는 걸 즐겨보거라."

신의 길

인간의 길

"스승님께서 기도하는 것을 보지 못했습니다."

제자 감이 고진 도사에게 물었다.

"그렇다."

"기도가 필요없는 것입니까?"

"아니다. 기도는 필요한 것이다."

"그렇다면 왜 기도하지 않으십니까?"

"신을 위한 기도보다 인간을 위한 적선이 중요하다. 신은 신의 길을 가고, 인간은 인간의 길을 가는 것이 바른 길이다."

사랑을
가르쳐준
신이
지옥을
만들었으랴

"신의 존재를 믿습니까?"

고진 도사에게 제자 감이 물었다.

"믿는다."

고진 도사는 짧게 대답했다.

"신과 인간은 어떤 관계입니까?"

다그치듯 묻는 감을 슬며시 쳐다보다 고진 도사가 대답했다.

"인간은 신에게 기도와 찬양을 바치고, 신은 인간에게 천국과 지옥을 선물했다."

"무슨 말씀이십니까?"

"말 그대로 아니냐. 서로의 필요로 만든 것이

아니더냐?"

"예?"

제자 감이 뜻밖이라는 듯 반문했다. 고진 도사는 자리를 옮기며 말을 이었다.

"전지전능한 신이 모자라고 어리석은 인간에게 기도와 찬양, 그리고 헌금을 받을 것이라는 생각은 인간의 생각이 아니더냐. 그리고 무엇이나 할 수 있는 신이라면 천국과 지옥을 만들지 않는다. 사랑을 가르쳐준 신이 어찌 지옥을 만들겠느냐. 천국과 지옥은 당근과 채찍을 생각하는 인간이 만든 것이 아니더냐."

방황하는
길도
인생길이다

고진 도사가 한가로이 먼 산을 바라보고 있었다. 제자 감이 홍시를 들고 다가와 고진 도사에게 권하며 말했다.

"어디를 그렇게 바라보고 계십니까?"

"첩첩산중에 갇혀 있으니 길 없는 길을 걷고 있다."

"저는 길을 잃어버린 것만 같아 안타깝습니다."

"네가 걷고 있는 길은 모두 네 길이다."

"그래도 찾아야 할 길이 있는 것 아닙니까."

"그야 그렇다. 너는 꿈이 있느냐?"

"네. 있습니다."

“다행이구나. 그 꿈을 찾아가는 길이 바로 너의 길이다. 길을 잃었다 생각하지만 그 길도 네 길이고 방황하고 있는 지금도 네 길이다.”

세상을
산
자리만큼
아름다운
꽃을
피우면
그만이다

제자 래가 고진 도사에게 물었다.

"인생이란 무엇입니까?"

"인생은 과정이 전부다."

"인생이 목표와 성공이 아니고 과정이라는 말씀, 언뜻 이해가 안 갑니다."

"지금 내가 살아있는 것을 제대로 느끼는 것이 성공이고 목표여야 한다."

"너무 어렵습니다."

"나는 쉽게 이야기하고 있는데 네가 어렵게 해석해서 그렇다."

"?"

"저기 채송화가 예쁘지 않느냐?"

"예쁩니다."

"채송화는 자신이 핀 자리만큼 세상을 아름답게 만들었다. 살아있는 자신을 아름답게 만드는 것만큼 큰 성공이 있더냐?"

"저는 어찌해야 합니까?"

"네 길은 네 마음속에 있다. 몸이 시키는 일보다 마음이 시키는 일을 따르거라."

한
사람은
움직이는
독립된
세상이다

"세상이 어지러운데 마음의 평안을 얻으려면 어떻게 하면 됩니까?"

고진 도사에게 감이 물었다.

"네 마음 모양대로 세상은 만들어지니라."

"무슨 말씀이십니까?"

"네가 생각하고 있는 그대로 세상이 존재한단 말이다. 네가 서 있는 그 자리가 천국이고 지옥이란 말이다."

"?"

"네가 즐거운 마음이면 즐거운 세상이 존재한다. 네가 누군가를 증오하고 있으면 증오하는 세상이 존재하게 된다. 한 사람은 움직이는 독립된 세상을 가지고 사는 것이다."

행복해지는 오직 한 가지 방법

"스승님, 행복에도 이유가 있습니까?"

덜렁대는 제자 감이 고진 도사에게 밑도 끝도 없이 물었다.

"행복해지기 위한 요건이야 있지. 돈, 명예, 권력, 휴식, 웃음 같은 것들이 있지만 진정한 행복의 요건은 한 가지뿐이다."

"진정으로 행복해지는 방법이 있단 말씀이세요?"

감의 눈이 동그래졌다.

"있지."

"뭔데요?"

"너무 쉬워 아무나 할 수 없는 것이란다."

"그렇다면 저는 할 수 있을 듯합니다."

"행복하다고 생각하는 것이란다."

"……"

I am

happy

꽃을 버려야 열매를 맺는다

고진 도사와 두 제자가 들판을 걷고 있었다. 들판에 복숭아꽃이 피어 아름다웠다. 향기가 넘쳤다. 제자 래가 말했다.

"스승님, 지금이 가장 아름다울 때지요?"

"그렇지. 하지만 아름다움을 버려야 진정한 결실이 따라온다."

"무슨 말씀이지요?"

"꽃이 떨어진 자리에 열매가 맺는다."

가장 큰
이기심은
배려와
봉사다

고진 도사와 제자 둘이 밭에서 김을 매는데 제가 감이 불쑥 말을 던졌다.

"스승님. 자본주의와 공산주의를 한마디로 정의하면 어떻게 말할 수 있습니까?"

"자본주의는 경쟁을 부추겨 강자의 독식을 인정하는 제도이고, 공산주의는 나눔의 높은 정신을 펴 평등을 실현하고자 한 사상이라고 할 수 있다."

"공산주의가 더 높은 정신이라는 말씀이십니까?"

"그렇다. 하지만 숭고한 정신이 세상을 지배하

는 것이 아니라 욕망이 세상을 지배하니 자본주의가 승리하지 않았느냐."

"그럼 자본주의의 가장 큰 장점과 약점은 무엇이라고 생각하십니까?"

래가 밭두렁을 앞서가며 물었다.

"장점은 인간에게서 욕망이라는 전차를 가동시키는 동력을 찾아낸 것이고, 약점은 약자에 대한 배려가 없다는 점이다."

"새로운 해결 방법이 있다고 보십니까?"

"한데 오늘은 깨달음에 대한 질문이 아니라 뜻밖의 질문이구나."

"……!"

감과 래는 고진 도사의 말만 기다리고 있었다.

"해결 없는 일이 어디 있느냐. 인간의 욕망을 죽이고서 성공할 수 있는 사상과 철학, 제도는 사상누각이다. 가장 큰 이기심은 배려와 봉사라고 한 것에서 답을 찾아야 한다."

사람의
중심은
사람 밖에
있다

제법 오랜 기간 함께 생활해오면서 제대로 배운 것이 없다고 생각한 감이 스승에게 물었다.

"스승님. 사람에게도 중심이 있습니까?"

"당연히 있지."

"어디에 있습니까?"

"사람 밖에 있다."

"사람의 중심이 사람 안에 있지 어찌 밖에 있을 수 있습니까?"

"사람의 형상을 만들어 세워보거라."

감이 래의 도움을 받아 짚과 흙으로 사람의 형상을 만들었다. 세워보니 세워지지 않았다. 감과 래는 오기가 발동해 다시 세워보려 애를 썼으나 세워지지 않았다.

"사람의 중심이 사람 밖에 있다면 어떻게 살아야 합니까?"

감이 고진 도사에게 물었다.

"몸의 중심은 가운데 있지 않아 넘어지지만 마음의 중심을 제대로 세워놓으면 언제나 일어설 수 있다. 사람은 일어서는 것만 배우면 된다. 넘어지는 것은 자연스러운 현상이고 일어서려는 의지는 자연스러운 마음의 모양이다."

실패는
어린아이가
넘어지는
것처럼
자연스럽다

제자 감과 래가 눈을 감고 앉아 수양 할 때 집중이 되지 않아 고민을 털어놓자 고진 도사가 말했다.

"성공이 정상이 아니라 실패가 정상이다."

고진 도사의 뜻밖의 답에 감이 물었다.

"실패가 정상이라고요?"

"실패는 자연스러운 것이다."

"……"

"그렇다. 어린아이가 넘어지는 것이 자연스러운 일이듯이 실패도 자연스러운 일이다. 실패를 두려워하면 도전도 없다. 도전은 성공을 목적으로 하지 않아도 아름답다."

살아있을 때
살아라
산 것처럼
살아라
그리고
사라져라

고진 도사가 정좌하고 있었다. 제자 감과 래가 들어와 앉았다.

"내가 이제 가야 할 때가 되었다. 그래서 마지막으로 너희를 보려고 불렀다."

"마지막이라니요? 무슨 말씀이십니까?"

래가 의아한 얼굴로 물었다.

"세상을 하직할 때가 되었다. 내일 아침이면 나를 볼 수 없을 것이다."

"어딜 가신단 말씀이십니까?"

"마지막으로 몸보시를 하려 한다."

"몸보시요?"

감과 래가 동시에 물었다.

"먹이사슬에서 가장 높은 곳에 있는 인간이 세상을 점령하고 있다. 다른 동물은 죽으면 몸을 남기고 가 다른 동물이 살아갈 수 있게 하는데 인간은 개체수가 가장 많으면서도 땅에 묻고 화장을 해 다른 동물이 살아갈 수 없게 막고 있지 않느냐?"

감과 래는 아무 말도 못하고 스승의 얼굴만 바라보고 있다.

"내가 없어지더라도 찾지 말거라. 너희가 나를 찾을까 걱정이 되어 너희를 부른 것이다. 그렇지 않으면 그냥 슬그머니 사라졌을 것이다."

"그건 안 될 말입니다."

"나는 내가 제일 걱정한다. 그동안 고생했다."

고진 도사가 말을 마치고 돌아앉았다. 감과 래는 어쩔 수 없이 물러나왔다. 감과 래가 날이 밝자마자 스승을 찾았지만 고진 도사는 사라지고 없었다. 더 깊은 산 속으로 들어가 절벽에서 투신해 자신의 몸을 다른 동물을 위해 보시한 것을 아는 두 제자는 먼 산만 바라보았다. 래가 먼저 입을 열었다.

"사람이 죽어 산 사람의 가슴에 보름달처럼 떠

올라야 성공한 삶이라는데 스승님은 그런 면에서 성공하신 분이야."

"맞아. 나는 무엇보다 '살아있을 때 살라'고 하신 말씀이 가슴에 남아."

두 사람은 말 없이 오랫동안 서 있었다.